QUAND L'ARGENT SALE DÉSTABILISE L'ÉCONOMIE RÉELLE

Une modélisation théorique des impacts du blanchiment de capitaux au Mali

Étienne Fakaba Sissoko

QUAND L'ARGENT SALE DÉSTABILISE L'ÉCONOMIE RÉELLE

Une modélisation théorique des impacts du blanchiment de capitaux au Mali

Préface du Dr Khalid DEMBÉLÉ

L'Harmattan
Mali

ACI2000 Bamako - Immeuble Jean-Marie CISSE -
Bureau 10
Tél.: +223 76 43 00 66 /+223 66 89 33 72
www.harmattanmali.com

Couverture et mise en page : Coco Joyce

ISBN : 978-2-336-59916-8
EAN : 9782336599168

« Le blanchiment n'effondre pas l'économie par rupture, mais par érosion. À mesure que l'argent se dérobe aux règles, l'État perd sa prise sur le réel, et ce glissement silencieux redéfinit les limites mêmes de sa souveraineté. »

Étienne Fakaba Sissoko

Résumé

Le blanchiment de capitaux constitue une menace structurelle pour les économies fragiles, notamment celles caractérisées par une faible gouvernance institutionnelle, comme le Mali. Cet article propose un cadre théorique rigoureux, mobilisant les apports de la théorie économique du crime, de la théorie institutionnelle et de l'économie politique de la corruption, afin de modéliser les mécanismes par lesquels le blanchiment affecte l'économie réelle. L'analyse met en évidence des canaux spécifiques – or (435 tonnes illicites/an), secteur bancaire exposé au dé-risking, et immobilier urbain inflationniste – au sein d'un système économique fortement informalité-dépendant. Les pertes économiques liées aux flux financiers illicites en Afrique sont estimées à 88,6 milliards USD par an. L'inscription du Mali sur la liste grise du GAFI (2023) illustre la reconnaissance internationale des failles structurelles nationales. L'ouvrage souligne l'urgence d'un renforcement des institutions LBC/FT (OCLEI, CENTIF), d'une traçabilité aurifère, et d'une coopération régionale accrue. Il conclut en appelant à une validation empirique du modèle proposé, afin d'ancrer les politiques LBC/FT dans les réalités économiques maliennes.

Mots-clés : Blanchiment de capitaux ; Fragilité institutionnelle ; Économie informelle ; Flux financiers illicites ; Gouvernance économique.

Codes JEL : E26 ; F35 ; G28 ; H26 ; K42

Abstract

Money laundering constitutes a structural threat to fragile economies, particularly those with weak institutional governance such as Mali. This article develops a rigorous theoretical framework drawing on the economics of crime, institutional theory, and the political economy of corruption, to model how laundering mechanisms impact the real economy. The analysis highlights sector-specific channels—including the gold sector (435 tons of illicit flows/year), a banking system exposed to de-risking, and an inflationary urban real estate market—within a largely informal economic structure. Africa's losses from illicit financial flows are estimated at USD 88.6 billion annually. Mali's 2023 inclusion on the FATF grey list reflects growing international concern over persistent structural vulnerabilities. The article underscores the urgent need for institutional reinforcement (OCLEI, CENTIF), gold sector traceability, and enhanced regional cooperation. It concludes with a call for empirical validation of the proposed model to better ground LBC/FT strategies in Mali's economic context.

Keywords: Money laundering; Institutional fragility; Informal economy; Illicit financial flows; Economic governance.

JEL Codes: E26; F35; G28; H26; K42

Préface

Durant ma mission au Mali, j'ai constaté combien l'économie parallèle et les flux illicites contribuent à la fragilisation de l'État, au-delà des conflits armés ou de l'instabilité politique. Le blanchiment de capitaux, en particulier, agit comme un facteur silencieux mais structurant de désorganisation économique, d'affaiblissement institutionnel et de perte de souveraineté.

Le travail proposé ici vient combler un angle mort essentiel : il ne se contente pas d'aligner les normes ou de décrire les dispositifs existants. Il modélise le phénomène, en articulant rigoureusement les théories du crime économique, de l'économie politique de la corruption et des institutions. Il démontre, à travers le cas malien, que le blanchiment n'est pas un simple effet secondaire de l'économie informelle, mais une dynamique organisée de capture économique, adossée à des défaillances réglementaires durables.

L'approche est ambitieuse : elle mobilise des outils analytiques solides, tout en formulant des recommandations opérationnelles précises, hiérarchisées et ancrées dans la réalité institutionnelle du pays. Elle montre aussi que l'efficacité d'un dispositif LBC/FT ne dépend pas seulement des textes adoptés, mais de la cohérence de l'ensemble : supervision, traçabilité, gouvernance, reddition de comptes.

Dans un contexte régional marqué par la porosité des frontières, la pression extractive et l'érosion des contre-pouvoirs, cette contribution mérite d'être lue, discutée et intégrée dans les politiques publiques. Elle rappelle que la souveraineté économique commence par la transparence, et que lutter contre le blanchiment, c'est défendre la capacité de l'État à protéger le bien commun.

Dr Khalid DEMBELE, Économiste

Note de l'auteur

Ce travail s'inscrit dans la continuité de mes recherches sur les flux financiers illicites, la gouvernance économique et les institutions dans les pays en situation de fragilité. Il répond à un constat récurrent : le blanchiment de capitaux reste analysé comme une question marginale ou technique, alors qu'il constitue l'un des vecteurs les plus puissants de déstabilisation de l'économie réelle.

Face à l'opacité des données et à l'absence de série statistique consolidée, j'ai fait le choix d'un modèle théorique explicite, contextualisé, et transférable, qui assume ses limites mais propose une lecture systémique du phénomène. L'ambition est double : offrir un cadre analytique utile à la recherche comparative, et proposer des outils de pilotage stratégique aux décideurs engagés dans la réforme.

Je remercie les institutions, les praticiens de terrain et les chercheurs qui, souvent dans l'ombre, œuvrent à documenter, comprendre et réduire les flux illicites en Afrique de l'Ouest. Je dédie ce travail à celles et ceux qui, malgré les pressions, continuent à faire vivre la probité dans les rouages de l'État.

Sigles et abréviations

Sigle / Abréviation	Signification
APD	Aide publique au développement
BAD	Banque africaine de développement
BCEAO	Banque centrale des États de l'Afrique de l'Ouest
CAMES	Conseil africain et malgache pour l'enseignement supérieur
CENTIF	Cellule nationale de traitement des informations financières
CEDEAO	Communauté économique des États de l'Afrique de l'Ouest
CNUCED	Conférence des Nations Unies sur le commerce et le développement
CRAPES	Centre de Recherche et d'Analyses Politiques, Économiques et Sociales
ENR	Évaluation nationale des risques
FMI	Fonds monétaire international
FT	Financement du terrorisme
GAFI / FATF	Groupe d'action financière / Financial Action Task Force
GIABA	Groupe intergouvernemental d'action contre le blanchiment d'argent en Afrique de l'Ouest
IDE	Investissements directs étrangers
LBC/FT	Lutte contre le blanchiment de capitaux et le financement du terrorisme
OCDE	Organisation de coopération et de développement économiques

Sigle / Abréviation	Signification
OCLEI	Office central de lutte contre l'enrichissement illicite
ONG	Organisation non gouvernementale
PIB	Produit intérieur brut
UEMOA	Union économique et monétaire ouest-africaine
USD	Dollar des États-Unis
VAR / ARDL	Modèles vectoriels autorégressifs / Auto-Regressive Distributed Lag

Sommaire

Chapitre 1

Introduction générale

Le blanchiment de capitaux constitue aujourd'hui une menace systémique pour les économies fragiles, en particulier celles caractérisées par une gouvernance institutionnelle déficiente, une informalité économique structurelle et une forte exposition aux flux illicites transnationaux.

Dans ces contextes, le blanchiment ne relève plus seulement d'un enjeu criminel ou réglementaire ; il affecte profondément les mécanismes d'allocation des ressources, la crédibilité des institutions publiques et la stabilité macroéconomique des États (Becker, 1968 ; North, 1990 ; Acemoglu & Robinson, 2012). Cette dynamique est d'autant plus préoccupante qu'elle reste souvent sous-estimée dans les approches économiques traditionnelles, lesquelles peinent à intégrer pleinement les effets structurels des activités illicites sur l'économie réelle.

Le cas du Mali est emblématique à cet égard. Depuis 2012, le pays est plongé dans une instabilité multiforme, marquée par l'effondrement partiel de l'autorité de l'État, la résurgence des conflits armés, et la dégradation accélérée des institutions publiques. Cette crise politique et sécuritaire a renforcé le poids de l'économie informelle, notamment dans les secteurs stratégiques tels que l'orpaillage, l'immobilier urbain et les transferts financiers non régulés. En mars 2023, le Mali a été inscrit sur la liste grise du Groupe d'Action Financière Internationale (GAFI), en raison de « défaillances stratégiques » dans son dispositif de lutte contre le blanchiment de capitaux et le financement du terrorisme (GAFI, 2023 ; FMI, 2023). Ce classement reflète l'ampleur des risques structurels associés à l'opacité financière et à l'infiltration de l'économie par des flux illicites, dans un pays où l'or représente plus de 70 % des exportations officielles, mais où plus de 400 tonnes d'or sortent chaque année sans traçabilité ni fiscalisation (SwissAid, 2024).

Malgré l'importance croissante de ces enjeux, la littérature scientifique demeure largement déficiente dans la modélisation rigoureuse des impacts du blanchiment sur les économies fragiles. Les approches dominantes restent fragmentaires, centrées sur les aspects juridiques ou criminologiques du phénomène, et rarement articulées à une lecture intégrée des dynamiques économiques sectorielles et institutionnelles. Peu d'études proposent un cadre théorique structuré permettant d'analyser les mécanismes de transmission économique du blanchiment dans des contextes tels que celui du Mali, où la porosité des frontières, la faiblesse des régulations, et l'interpénétration entre élites politiques et réseaux informels complexifient l'analyse.

Face à ce double déficit — empirique et théorique — le présent ouvrage vise à proposer une modélisation théorique intégrée des impacts économiques du blanchiment de capitaux dans un contexte institutionnellement fragile. En croisant les apports de la théorie économique du crime (Becker, 1968), de la théorie institutionnelle (North, 1990), et de l'économie politique de la corruption (Acemoglu & Robinson, 2012), l'analyse vise à formaliser les canaux par lesquels les flux illicites déstabilisent l'économie réelle, avec une application spécifique au cas malien.

L'ouvrage s'organise comme suit. Le chapitre 2 explicite la méthodologie de construction théorique mobilisée, en précisant les sources, la logique analytique et les limites de la démarche. Le chapitre 3 présente le cadre conceptuel intégré du blanchiment, ainsi qu'une typologie des effets économiques attendus. Le chapitre 4 développe une modélisation détaillée des canaux de transmission dans le contexte malien. Le chapitre 5 applique le modèle aux secteurs stratégiques (or, banque, immobilier) et propose une comparaison internationale. Le chapitre 6 discute les apports et limites du modèle. Enfin, le chapitre 7 formule des recommandations opérationnelles et ouvre des perspectives pour une validation empirique future.

Chapitre 2

Méthodologie de construction théorique

La construction du cadre théorique proposé repose sur une démarche analytique inductive, mobilisant des théories économiques robustes, des rapports institutionnels de référence et des données secondaires contextualisées. Il ne s'agit pas ici d'élaborer un modèle économétrique, mais de formaliser une architecture théorique exportable à d'autres économies institutionnellement fragiles, à partir du cas malien.

2.1. Justification des fondements théoriques

Le modèle articule trois corpus complémentaires :

- La théorie économique du crime (Becker, 1968), qui conceptualise les comportements illicites comme des arbitrages rationnels entre gains attendus et sanctions anticipées ;
- La théorie institutionnelle (North, 1990), qui examine comment les règles formelles et informelles structurent les incitations économiques ;
- L'économie politique de la corruption (Acemoglu & Robinson, 2012), qui analyse les mécanismes de capture de l'État par des élites prédatrices.

Ces approches sont intégrées dans un schéma conceptuel cohérent permettant de représenter les interactions dynamiques entre incitations dévoyées, asymétries de gouvernance, et effets macroéconomiques.

2.2. Logique inductive et articulation analytique

La démarche suit une séquence en trois étapes :

1. Observation systématique des régularités empiriques dans les rapports de référence (GIABA, SwissAid, FMI, GAFI) ;

2. Abstraction théorique à partir des régularités identifiées, via les cadres analytiques mentionnés ;

3. Modélisation des canaux spécifiques au Mali, fondée sur les données sectorielles et institutionnelles disponibles.

Cette logique permet d'élaborer une typologie des effets du blanchiment par niveau économique, qui sera formalisée dans le Tableau 1 (*Typologie des effets économiques*, section 3.3), et déclinée dans les représentations graphiques spécifiques au Mali.

Tableau 1 : Typologie des effets économiques du blanchiment de capitaux

Niveau d'analyse	Effets directs	Effets systémiques / secondaires
Microéconomique	– Concurrence déloyale sur les marchés formels – Injections de capitaux opaques	– Informalisation accrue des échanges – Éviction des PME légitimes – Détérioration du climat d'investissement

Macroéconomique	– Réduction des investissements directs étrangers (IDE) – Perte de recettes fiscales	– Instabilité monétaire et budgétaire – Fuite des capitaux – Affaiblissement des institutions économiques

Source *: Auteur, 2025*

2.3. Sélection rigoureuse des sources empiriques secondaires

Trois critères ont guidé la sélection des sources :

• **Fiabilité méthodologique** : seules les institutions disposant de protocoles de vérification et de méthodologies explicites ont été retenues (GIABA, FMI, CNUCED, SwissAid) ;

• **Pertinence contextuelle** : focus sur les contextes africains extractifs, à gouvernance fragile ;

• **Actualité** : priorité aux données postérieures à 2020, afin de garantir la validité temporelle des constats.

Ces données servent à construire plusieurs visuels synthétiques intégrés dans l'ouvrage, notamment :

Tableau 2 – *Vulnérabilités sectorielles au Mali (2020–2023)*
Figure 2 – *Modélisation théorique des canaux économiques au Mali*
Figure 6 – *Carte des flux aurifères informels en Afrique de l'Ouest*
Figure 7 – *Répartition sectorielle des flux illicites (projection hypothétique)*

2.4. Limites de la démarche

Le cadre proposé présente trois limites méthodologiques majeures, assumées mais explicitées :

- **Absence de données primaires** : aucun entretien, aucune enquête de terrain ni base de données originale ne sont mobilisés. Cette carence s'explique par l'opacité inhérente aux circuits de blanchiment, mais réduit la capacité de validation directe des hypothèses.
- **Opacité des flux** : l'indisponibilité structurelle de données fiables sur les volumes blanchis implique de recourir à des proxys empiriques (ex. : inscription sur la liste grise du GAFI, distorsions immobilières, écarts fiscaux) et à des estimations indirectes (SwissAid, 2024).
- **Ambiguïté causale** : la modélisation demeure exploratoire. Elle vise à dégager des mécanismes plausibles, non à établir des relations causales démontrées. Elle appelle donc une validation empirique ultérieure.

Cette posture exige une lecture prudente mais opérationnelle du modèle : il constitue une base pour l'analyse critique et la formulation de politiques, non une preuve formelle.

2.5. Portée et transférabilité du modèle

Le modèle proposé n'a pas vocation à s'enfermer dans le seul cas malien. Il est conçu comme un cadre analytique transférable à d'autres contextes présentant :

- Une dépendance extractive marquée (or, hydrocarbures, autres ressources naturelles) ;
- Une faible densité institutionnelle (supervision, justice, fiscalité) ;
- Une exposition à des flux transfrontaliers informels (trafics, circuits bancaires non régulés).

Cette dimension sera illustrée dans le chapitre 5, à travers une comparaison structurée (Guinée-Bissau, RDC, Ghana, Éthiopie).

Chapitre 3

Cadre théorique intégré du blanchiment de capitaux

Cette section articule trois dimensions complémentaires : la définition fonctionnelle du blanchiment de capitaux et son inscription dans les normes internationales (3.1), les cadres théoriques explicatifs permettant de modéliser ses logiques (3.2), et enfin une typologie structurée de ses effets économiques à différents niveaux d'analyse (3.3). L'ensemble constitue le socle du modèle intégré représenté dans la **Figure 1**.

3.1. Définition, processus et normes internationales

• Le blanchiment de capitaux désigne l'ensemble des opérations visant à légitimer des fonds d'origine criminelle en les réintégrant dans le circuit économique formel. Selon le GAFI (2023), ce processus se structure en trois étapes :

• **Placement** : injection initiale dans le système financier ;

• **Empilement** : dissimulation via une succession d'opérations complexes ;

• **Intégration** : réutilisation apparente dans des activités licites (immobilier, or, entreprises-écrans).

À l'échelle normative, les 40 recommandations du GAFI définissent les obligations des États en matière de Lutte contre le Blanchiment de Capitaux et le Financement du Terrorisme (LBC/FT) : obligations de vigilance, signalement des opérations suspectes, coopération judiciaire internationale, contrôle des professions non financières (FMI, 2023 ; GIABA, 2023). Toutefois, l'adoption formelle de ces dispositifs dans les pays à faible gouvernance institutionnelle ne garantit pas leur application effective.

Ce décalage structurel entre normes universelles et réalités nationales justifie l'ancrage d'une lecture théorique multi-niveaux du blanchiment.

3.2. Cadres théoriques mobilisés

La compréhension des effets du blanchiment nécessite une lecture croisée de trois cadres conceptuels :

- **Théorie du crime économique** (*Becker, 1968*) : les acteurs illicites agissent comme des agents rationnels optimisant un arbitrage entre gains et risques. Plus la probabilité de sanction est faible, plus l'incitation au blanchiment est forte.

- **Théorie institutionnelle** (*North, 1990*) : les institutions – formelles comme informelles – conditionnent les comportements économiques. Lorsque les normes sociales tolèrent ou valorisent l'enrichissement rapide, et que les règles juridiques sont peu appliquées, les activités de blanchiment se banalisent.

- **Économie politique de la corruption** (*Acemoglu & Robinson, 2012*) : le blanchiment participe à un processus de capture de l'État par les élites. Il alimente un écosystème où la défaillance réglementaire est une stratégie politique, et non un simple manque de capacité.

Ces approches sont combinées dans le schéma suivant (voir Figure 1), qui formalise la manière dont le désalignement des incitations et la faiblesse institutionnelle convergent pour produire des distorsions économiques systémiques.

Figure 1 : Schéma conceptuel du cadre théorique intégré

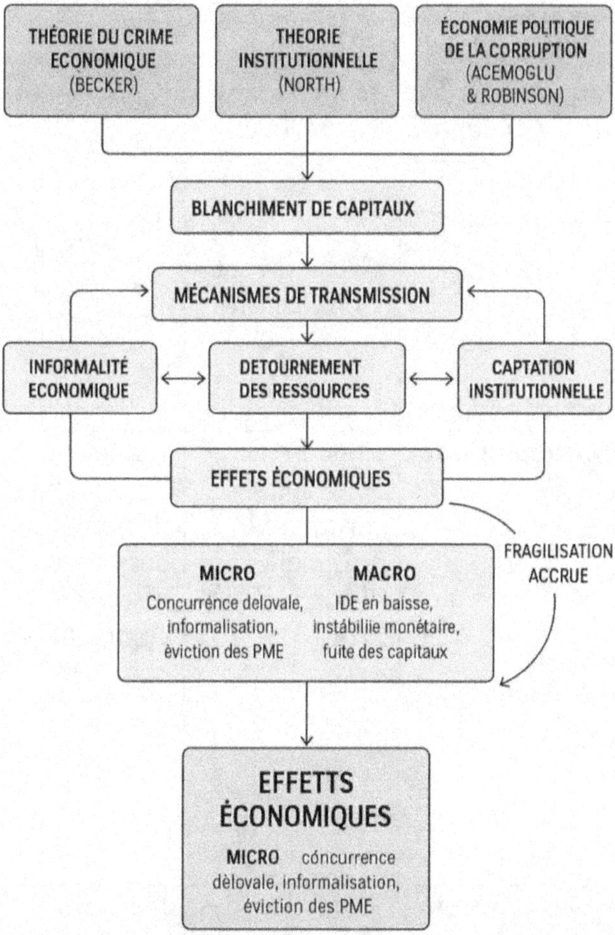

Source : Auteur, 2025

3.3. Typologie des effets économiques : une lecture à double échelle

Les impacts du blanchiment ne se limitent ni à la sphère financière, ni à des pertes fiscales. Ils affectent l'ensemble des fonctions économiques, à la fois microéconomiques (niveau des entreprises et des agents économiques) et macroéconomiques (niveau agrégé des équilibres économiques). Cette typologie constitue la base du diagnostic sectoriel détaillé dans les sections suivantes.

Tableau 2 : *Effets économiques du blanchiment de capitaux : typologie à deux niveaux*

Niveau d'analyse	Effets directs observables	Effets systémiques secondaires
Microéconomique	Concurrence déloyale, surliquidité artificielle, distorsion des prix	Déclin de l'innovation, informalisation des transactions, insécurité contractuelle
Macroéconomique	Réduction des IDE, évaporation fiscale, fuites de capitaux	Instabilité monétaire, déséquilibres sectoriels, affaiblissement du tissu productif

Source : Auteur, 2025

Figure 2 : *Typologie graphique croisée effets / temporalité*

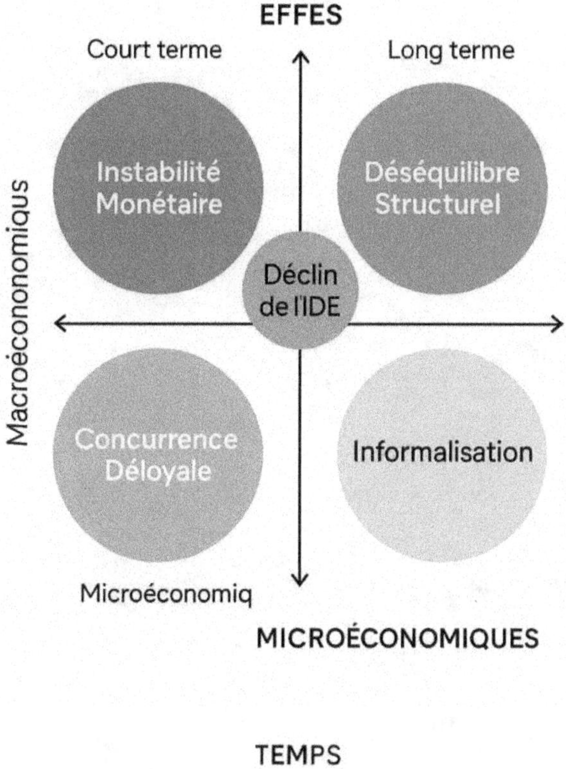

Source : Auteur, 2025

Cette typologie fonde la modélisation sectorielle appliquée au Mali (chapitre 4), en croisant ces effets avec les vulnérabilités identifiées dans les secteurs aurifère, bancaire et immobilier.

Chapitre 4

Modélisation des canaux de transmission économique au Mali

La transmission des effets du blanchiment de capitaux sur l'économie réelle malienne s'opère par une série de mécanismes interconnectés, affectant à la fois les marchés, la croissance, les équilibres macroéconomiques et la résilience systémique. Cette section formalise ces canaux selon une double lecture : (1) des effets transversaux sur la structure économique et (2) des dynamiques sectorielles spécifiques au Mali. L'ensemble est synthétisé dans la Figure 2.

4.1. Mécanismes de distorsion économique

Les premières altérations concernent les mécanismes de marché. Le blanchiment modifie les conditions de financement, fausse la concurrence et altère les signaux de prix.

- Dans le secteur bancaire, les fonds illicites facilitent des prêts non productifs, soutenus par des garanties fictives ou des structures juridiques opaques. Cela compromet la qualité du portefeuille bancaire, dégrade la discipline de crédit, et augmente les risques de défaut en chaîne.

- Sur le marché immobilier, l'afflux de capitaux douteux alimente une inflation artificielle des prix fonciers, détachée des fondamentaux démographiques ou productifs. Le phénomène génère une « bulle d'urbanisation » excluant les ménages solvables du marché.

- De manière transversale, ces injections déformées créent une pression inflationniste ciblée sur les biens non échangeables (logement, foncier, services), désorganisant l'équilibre entre l'offre réelle et la demande solvabilisée.

4.2. Impact sur la croissance et la stabilité macroéconomique

Au-delà des distorsions de marché, le blanchiment agit comme un agent pathogène dans l'allocation des ressources.

- Les flux illicites sont orientés vers des secteurs à forte rentabilité immédiate, mais à faible effet multiplicateur : construction de standing, commerce importé, spéculation foncière. Cela se fait au détriment de secteurs à rendement social élevé (industrie, éducation, santé).

- Cette logique entraîne une décapitalisation productive progressive : l'investissement réel se contracte, le tissu productif s'érode, et les externalités positives s'amenuisent.

- Enfin, la croissance devient déséquilibrée, alimentée par des moteurs artificiels (immobilier, consommation spéculative) et exposée à des retournements brusques en cas de retrait de capitaux ou de choc réglementaire.

Si les sections 4.1 et 4.2 analysent l'impact du blanchiment sur la structure économique, la section suivante en examine les conséquences sur la résilience systémique de l'économie malienne.

4.3. Renforcement de la fragilité économique structurelle

- Le blanchiment aggrave la fragilité systémique du Mali selon trois mécanismes :

- **Fuite de capitaux** : Les flux blanchis échappent au système fiscal et bancaire formel. Ils alimentent les circuits d'évasion (offshore, cryptoactifs, commerce parallèle), réduisant les ressources disponibles pour l'investissement public.

- **Pression sur les réserves de change** :

L'externalisation des flux affaiblit les marges d'intervention monétaire et expose le pays à un risque de liquidité externe, malgré l'ancrage CFA.

- **Affaiblissement de l'environnement monétaire** :

Les instruments classiques de politique monétaire deviennent inopérants dans un contexte de transactions non bancarisées, d'asymétrie d'information et d'évasion systématique.

Ce triptyque renforce l'exposition du pays aux chocs exogènes (fluctuation des prix de l'or, retrait d'aide, instabilité régionale) sans capacité endogène de stabilisation.

4.4. Canaux spécifiques au Mali : triple vulnérabilité aurifère, foncière et financière

i. Aurifère (435 tonnes/an)

L'or constitue un vecteur privilégié de dissimulation. Son opacité, sa portabilité et son ancrage culturel facilitent le blanchiment par conversion directe. La contrebande vers Dubaï ou le Togo s'opère en dehors de toute fiscalisation, générant des pertes évaluées à plusieurs milliards USD/an (SwissAid, 2024).

ii. Immobilier urbain

L'immobilier constitue un réservoir de légitimation patrimoniale. Des terrains achetés en espèces, des biens transférés via prête-noms ou sociétés-écrans, et l'absence de cadastre numérisé permettent une captation durable d'actifs. Ce secteur devient un outil de transformation sociale et politique du capital illicite.

iii. Finance informelle

Les systèmes de microfinance non agréés, hawala, et plateformes numériques sans supervision agissent comme amplificateurs techniques du blanchiment. Ils échappent aux contrôles, déstructurent les statistiques économiques, et empêchent toute coordination monétaire efficace.

Trois vecteurs sectoriels concentrent la majorité des effets de transmission au Mali. Ils sont analysés ci-dessous et représentés visuellement dans la **Figure 2**.

Figure 3 : *Modélisation intégrée des canaux économiques du blanchiment au Mali : flux, effets et rétroactions*

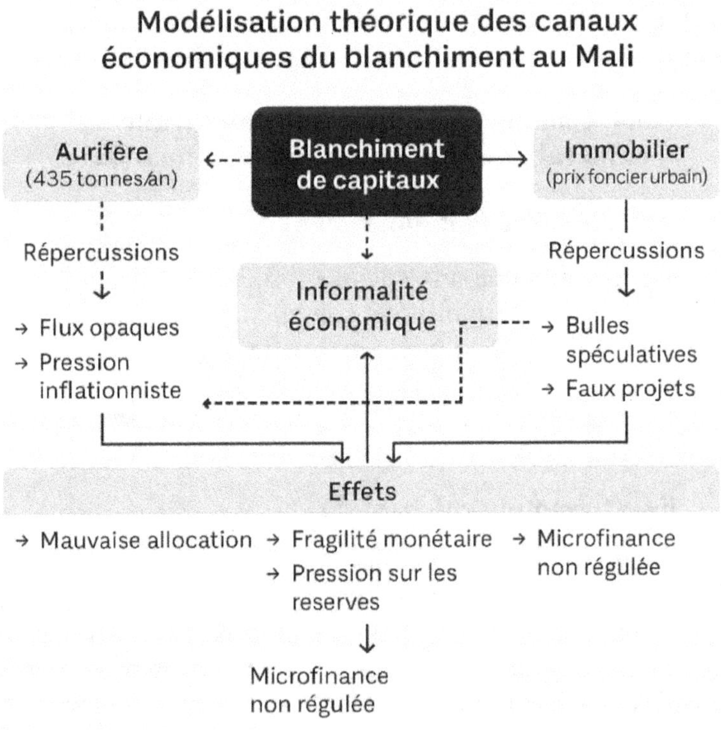

Source : Auteur, 2025

Tableau 3 : *Vulnérabilités sectorielles au Mali (2020–2023)*

Secteur	**Mécanisme de blanchiment**	**Indicateur clé**
Or (aurifère)	Extraction illégale, contrebande, absence de traçabilité	435 tonnes exportées hors circuit (SwissAid, 2024)
Immobilier	Surévaluation, achats anonymes, spéculation foncière	+150 % sur prix foncier à Bamako (2020–2023, non fiscalisé)
Finance informelle	Microfinance non régulée, hawala, cryptoactifs	Pas de registre consolidé ; taux de bancarisation < 20 %

Source : Auteur, 2025

Afin de mieux visualiser la structuration sectorielle des flux illicites au Mali, la figure suivante propose une **projection analytique** fondée sur les données documentaires disponibles et les mécanismes de blanchiment identifiés dans la littérature. Elle met en évidence la prédominance du canal aurifère, mais souligne également l'importance croissante des flux détournés via l'immobilier, la microfinance et les circuits commerciaux.

Figure 4 : Répartition sectorielle des flux illicites (projection analytique)

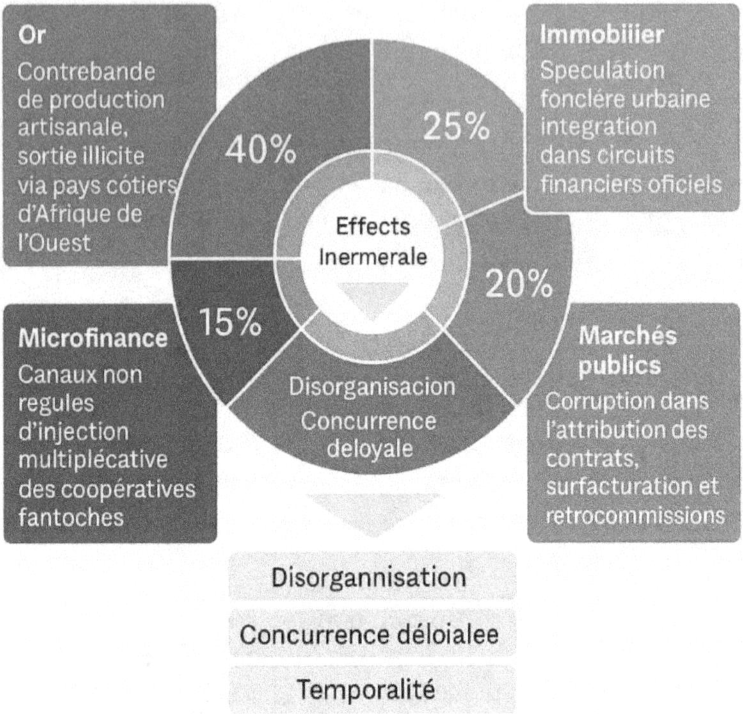

Source : Auteur, à partir de données GIABA, SwissAid

Cette répartition illustre l'effet de spécialisation informelle de l'économie malienne dans certaines filières d'ancrage du blanchiment. Le secteur aurifère concentre à lui seul **près de la moitié des flux estimés**, en raison de sa liquidité, de son opacité et de l'absence de traçabilité. L'immobilier fonctionne comme un réservoir d'intégration des capitaux, tandis que la microfinance et les activités commerciales en espèces assurent la dispersion et l'anonymisation des transactions. Ces dynamiques croisées confirment l'ancrage systémique du blanchiment dans les secteurs stratégiques de l'économie réelle.

Afin d'illustrer la centralité du canal aurifère dans les mécanismes de blanchiment de capitaux en Afrique de l'Ouest, la carte ci-dessous représente les principaux flux informels d'or issus du Mali et de ses pays voisins. Ces flux, largement non fiscalisés et non tracés, participent à la fois à la fragilisation des économies extractives et à la consolidation de réseaux transnationaux d'enrichissement illicite.

Figure 5 : *Carte des flux aurifères informels en Afrique de l'Ouest*

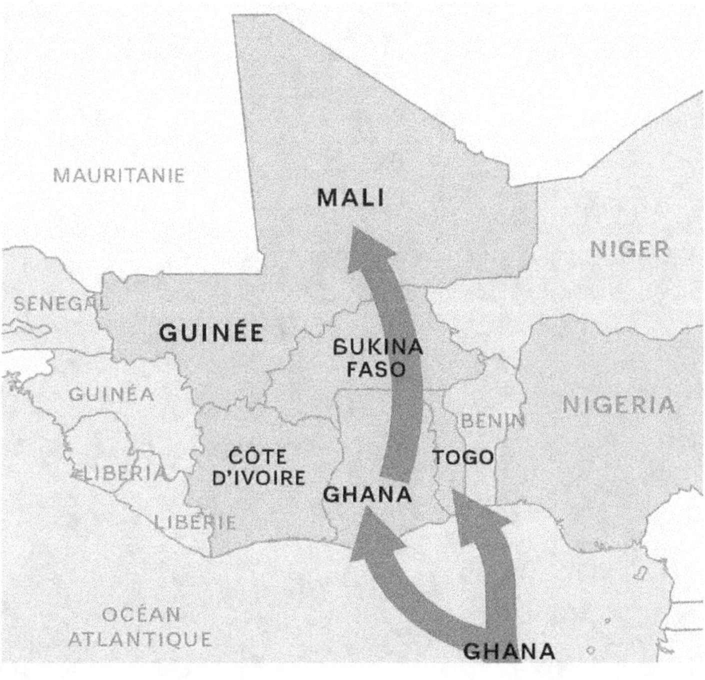

Source : Auteur, à partir de données GIABA, SwissAid

La position centrale du Mali dans ces flux met en évidence son rôle à la fois comme pays d'extraction et territoire de transit. Les corridors vers le Ghana, le Togo et les ports maritimes du golfe de Guinée sont privilégiés en raison de la faiblesse du contrôle douanier, de l'accessibilité logistique, et de la permissivité réglementaire dans certaines zones frontalières. Cette circulation incontrôlée de ressources stratégiques alimente directement les circuits de blanchiment, tout en privant l'État malien de recettes fiscales majeures.

Chapitre 5

Application sectorielle et comparaison internationale

L'efficacité d'un modèle théorique repose sur sa capacité à expliciter, par déclinaison sectorielle, les logiques d'interactions entre blanchiment, fragilité institutionnelle et déséquilibres économiques. Cette section applique le cadre modélisé au cas malien, puis en propose une mise en perspective internationale structurée.

5.1. Hypothèses de contexte pour l'application malienne

L'application sectorielle repose sur trois hypothèses empiriquement validées :

• **Institutions de contrôle sous-dimensionnées** : les organes maliens de lutte contre le blanchiment (OCLEI, CENTIF) souffrent d'un déficit de moyens, d'indépendance juridique et d'accès aux informations financières critiques.

• **Système judiciaire non dissuasif** : la rareté des poursuites, la lenteur des procédures, et la faible effectivité des peines favorisent une culture de l'impunité financière.

• **Surveillance financière partielle** : la régulation bancaire est fragmentée, les sociétés immobilières et de microfinance échappent souvent au radar de la BCEAO ou des régulateurs nationaux.

Ces conditions renforcent les incitations structurelles à l'usage de circuits opaques, et créent un environnement permissif pour les stratégies de blanchiment.

5.2. Déclinaisons sectorielles : logique de vulnérabilité différenciée

• **Système bancaire :** Le dé-risking subi par les institutions financières maliennes — retrait des correspondants internationaux, suspension de transferts transfrontaliers — traduit une perte de crédibilité systémique. Cela alimente un recours accru au cash, déconnecte le pays des flux mondiaux, et réduit les marges de pilotage monétaire.

- **Secteur aurifère :** La **contrebande aurifère**, estimée à 435 tonnes par an, opère comme un canal structuré de sortie de capitaux. L'absence de mécanismes de traçabilité, la complicité passive des administrations douanières et l'absence de fiscalité formelle sur l'or artisanal provoquent une perte de souveraineté économique.

- **Immobilier urbain :** L'immobilier constitue un instrument de légitimation patrimoniale à grande échelle : achat de terrains surévalués, construction d'immeubles de luxe non exploités, transactions en espèces. Ces pratiques entraînent une éviction des ménages solvables, une spéculation foncière endogène et une désorganisation du marché du logement.

Ces trois secteurs traduisent une vulnérabilité asymétrique au blanchiment, liée à leur combinaison de liquidité, d'opacité et d'ancrage informel.

5.3. Blanchiment, gouvernance et accumulation d'effets pervers

L'analyse sectorielle révèle une dynamique cumulative, où les effets du blanchiment ne s'additionnent pas, mais se renforcent mutuellement à travers un enchaînement institutionnalisé :

1. Blanchiment → injection de flux opaques dans des secteurs peu régulés ;

2. Captation institutionnelle → affaiblissement des contre-pouvoirs, marginalisation des organes de contrôle ;

3. Désintégration administrative → inefficacité dans la mise en œuvre des politiques publiques ;

4. Défiance généralisée → retrait fiscal, informalité, fuite des capitaux.

Ce cercle de fragilisation systémique dépasse la seule dimension économique : il affecte la légitimité étatique, la cohésion sociale et l'autonomie stratégique du pays.

5.4. Comparaison internationale : dynamiques convergentes et divergentes

L'utilité du modèle repose aussi sur sa capacité à éclairer des cas analogues. On distingue deux catégories :

- **Cas de vulnérabilité structurelle élevée**
  - **Guinée-Bissau** : captation de l'État par les réseaux narco-criminels, blanchiment transnational consolidé.
  - **Burkina Faso** : usage de l'or pour financer l'insécurité ; institutions LBC/FT marginalisées.
  - **RDC / Zimbabwe** : effondrement de la capacité régulatrice, monétisation du politique par l'or ou le change informel.
- **Cas de redressement institutionnel partiel**
  - **Ghana** : consolidation du cadre LBC/FT ; renforcement de la coopération judiciaire.
  - **Éthiopie** : investissements ciblés post-conflit pour reconstruire les capacités fiscales et judiciaires.

Tableau 4 : *Typologie comparée des trajectoires face au blanchiment*

Pays	Forme dominante du blanchiment	Réponse institutionnelle	Typologie analytique
Guinée-Bissau	Narcotrafic, flux offshore, corruption des élites sécuritaires	Institutions cooptées, coopération judiciaire absente	État capté
Burkina Faso	Orpaillage artisanal, flux liés au financement du terrorisme	Priorité militaire, dispositif LBC/FT marginalisé	Fragilité sécuritaire priorisée
RDC	Flux miniers illégaux, blanchiment via compagnies écrans	Institutions fiscales et judiciaires fragmentées	Régulation éclatée
Zimbabwe	Taux de change parallèle, détournement d'aides, spéculation foncière	Hyperinflation, perte de contrôle réglementaire, système dual informel	Dysfonction systémique

Pays	Forme dominante du blanchiment	Réponse institutionnelle	Typologie analytique
Ghana	Immobilier spéculatif, blanchiment dans l'or industriel	Cadre LBC/FT renforcé, base de données interconnectée	Réforme structurelle en cours
Éthiopie	Flux informels post-crise, contournement des banques par les élites	Investissements ciblés dans les capacités fiscales et judiciaires	Renforcement institutionnel ciblé
Mali*(référence)*	Blanchiment via or, immobilier et microfinance informelle	OCLEI et CENTIF sous-financés, traçabilité défaillante	Croisement critique : dérive ↔ potentiel

Source *: Auteur, 2025, à partir de GIABA (2023), SwissAid (2024), CNUCED (2020), et rapports nationaux.*

Le Mali, en l'état actuel, se situe à la **jonction critique** entre le groupe des États en échec et celui des réformateurs tardifs. Sa trajectoire dépendra de la capacité politique à prioriser l'intégrité financière comme pilier de reconstruction institutionnelle.

Chapitre 6

Discussion critique du modèle proposé

Cette section analyse la valeur théorique, la transférabilité et les limites structurelles du modèle proposé. Elle précise en quoi ce cadre contribue à renouveler l'analyse des économies sous contrainte institutionnelle, tout en soulignant les conditions nécessaires à sa consolidation empirique.

6.1. Apports analytiques et contribution théorique

a) Cadre adaptable à d'autres contextes à faibles capacités régulatoires

Le modèle n'est pas strictement malien. Il s'applique à des économies caractérisées par une faible densité institutionnelle, une présence dominante de flux informels, et une dépendance à un secteur extractif peu régulé. Son architecture permet une transposition à d'autres États africains en situation de fragilité structurelle (Burkina Faso, Guinée-Bissau, RDC).

b) Lien explicite entre configuration économique et vulnérabilité au blanchiment

Le modèle montre que le blanchiment n'est pas un incident périphérique, mais une conséquence logique de l'organisation économique : structure de production extractive, informalité endogène, sous-investissement régulatoire. Il formalise ainsi une relation fonctionnelle entre architecture sectorielle, asymétrie réglementaire et permissivité financière.

c) Renouvellement de l'économie politique de la fragilité

Le modèle dépasse les lectures normatives du blanchiment comme simple violation de normes. Il l'envisage comme un instrument stratégique de captation économique, utilisé par des élites pour consolider leur pouvoir économique et neutraliser les régulations redistributives. Il contribue ainsi à une relecture critique du développement comme production organisée d'asymétries (Acemoglu & Robinson, 2012), et non simple déficit de capacité.

6.2. Limites épistémologiques et ouverture empirique

a) Inquantifiabilité intrinsèque des flux illicites

L'évaluation quantitative des flux de blanchiment reste largement spéculative. Les données disponibles reposent sur des proxys indirects (fuites de capitaux, variation des IDE, anomalies fiscales), dont la robustesse est inégale et la comparabilité problématique. Le modèle ne peut donc être calibré économétriquement en l'état.

b) Indétermination causale et absence de falsifiabilité

La logique du modèle est structurante mais non démonstrative. Elle repose sur une cohérence fonctionnelle, mais n'établit pas de relation causale univoque entre blanchiment et sous-développement. Les effets observés peuvent également être produits par d'autres facteurs : instabilité politique, enclavement, dépendance commerciale. Le modèle est abductif, mais pas encore réfutable.

c) Nécessité d'une stratégie empirique hybride et séquencée

- Pour tester la validité du modèle, une stratégie méthodologique intégrée est requise :
- **Phase qualitative exploratoire** : identification des mécanismes opérants à travers des entretiens ciblés (OCLEI, secteur bancaire, informel) ;
- **Phase descriptive structurée** : construction d'une base de données sectorielle (flux d'or, valeurs foncières, transferts financiers) ;

• **Phase économétrique hypothético-déductive** : test des relations structurelles par des modèles à variables instrumentales ou à effets fixes.

Cette séquence est synthétisée dans la **Figure 6**.

Figure 6 *: Approche méthodologique intégrée pour la validation du modèle Description : séquence à trois niveaux – exploration qualitative, base de données structurée, modélisation économétrique avec indicateurs composites.*

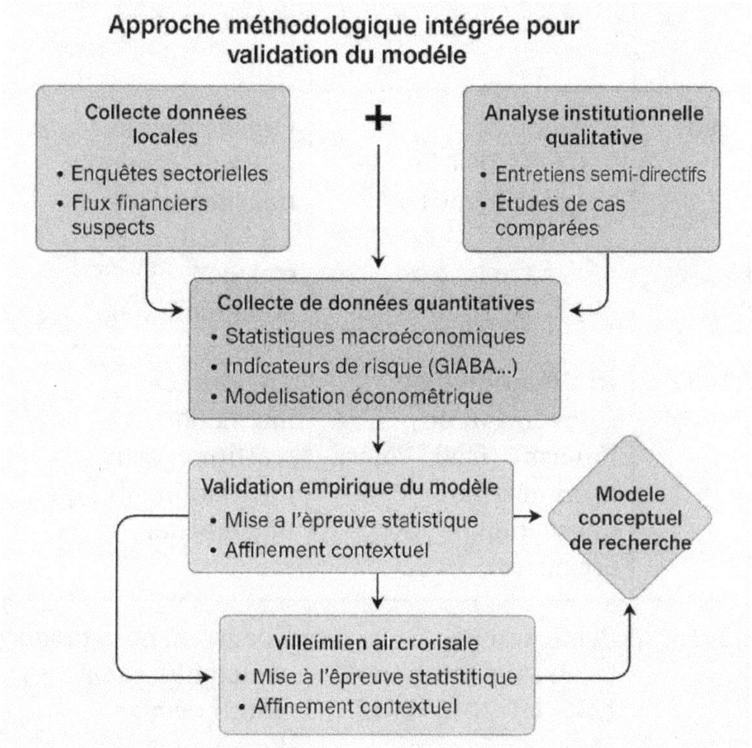

***Source** : Auteur, 2025,*

Ce passage de la modélisation théorique à la validation empirique est indispensable pour transformer le cadre proposé en instrument robuste d'analyse comparative et de formulation de politiques publiques.

Tableau 5 : Chronologie des politiques anti-blanchiment au Mali (2006–2023)

Année	Événement / Réforme	Commentaires / Portée
2006	Adoption de la **loi n°06-066** relative à la lutte contre le blanchiment de capitaux	Premier cadre légal formel, conforme aux standards du GAFI ; absence de mécanismes d'application réels.
2007	Création de la **CENTIF-Mali** par décret n°07-301	Organe chargé de recevoir, traiter et transmettre les déclarations de soupçon. Faible dotation initiale.
2009	**Ratification de la Convention de Palerme** (ONU contre la criminalité transnationale organisée)	Engagement international réaffirmé, mais intégration juridique incomplète.
2013	Publication de la **Stratégie nationale LBC/FT 2013–2017**	Document de cadrage stratégique, jamais assorti de plan d'action budgétisé ni d'évaluation intermédiaire.
2015	**Révision de la loi LBC/FT** (loi n°2015-052) pour alignement	Introduction du concept de bénéficiaire effectif et

Année	Événement / Réforme	Commentaires / Portée
	sur les normes GAFI 2012	de peines renforcées ; application très partielle.
2016	Création de l'**OCLEI** (Ordonnance n°2015-032)	Organe indépendant de lutte contre l'enrichissement illicite ; manque de coordination avec la CENTIF.
2019	**Évaluation nationale des risques (ENR)** par le Comité national de coordination LBC/FT	Document de diagnostic validé ; peu suivi d'effets concrets. Faiblesse des mesures de mitigation sectorielles.
2021	Mise en place du **Comité de suivi des engagements du Mali auprès du GAFI et du GIABA**	Comité ad hoc interinstitutionnel, sans pouvoir contraignant.
2023	**Inscription du Mali sur la liste grise du GAFI (février)**	Sanction internationale pour manquements structurels à la surveillance financière et à la coopération judiciaire.

Année	Événement / Réforme	Commentaires / Portée
2023	Élaboration d'un **Plan d'action national de sortie de la liste grise** (non publié)	Contenu non public, mise en œuvre partielle. Plusieurs mesures jugées cosmétiques par les partenaires techniques.

Source *: Auteur, 2025,*

Remarque : Cette chronologie met en évidence le décalage persistant entre engagement normatif et action effective. Malgré un corpus juridique relativement conforme, l'opérationnalisation reste entravée par le manque de coordination interinstitutionnelle, la faiblesse des capacités techniques, et l'absence de volonté politique soutenue.

Chapitre 7

Implications pratiques et recommandations stratégiques

Les résultats du modèle théorique, appliqué au cas malien, appellent une double traduction : stratégique (réforme des dispositifs LBC/FT) et opérationnelle (production de données pour validation empirique). Cette section hiérarchise les priorités politiques réalisables à court terme, puis définit les conditions d'une consolidation scientifique du modèle par la recherche.

7.1. Priorités politiques issues du cadre

- **Niveau 1 – Renforcement de la supervision bancaire** ***(réforme fondatrice)***

Les effets cumulés de **dé-risking bancaire**, de perte de crédibilité institutionnelle et d'exposition aux flux non traçables affaiblissent la résilience du système financier malien. Pour restaurer un niveau minimal de confiance et de conformité, trois mesures sont prioritaires :

• **Étendre la régulation aux établissements secondaires**, notamment les microbanques, établissements de paiement et services de transfert ;

• **Créer une cellule nationale de conformité bancaire**, interconnectée avec la BCEAO et dotée d'un mandat de supervision technique ;

• **Mettre en place un registre unifié des bénéficiaires effectifs**, couvrant l'ensemble des entités financières agréées et sociétés commerciales à risque.

Le GIABA (2023) identifie ces instruments comme les **seuils de crédibilité** nécessaires à l'intégration régionale dans les dispositifs LBC/FT. Leur mise en œuvre constitue le socle d'une reconstruction progressive de la confiance des partenaires techniques et financiers.

- **Niveau 2 – Mise en place d'une traçabilité sectorielle obligatoire *(réforme structurante)***

La contrebande aurifère représente le principal canal de blanchiment au Mali, avec plus de 435 tonnes d'or artisanal exportées sans traçabilité (SwissAid, 2024). Cette vulnérabilité peut être traitée par un dispositif de traçabilité intégré et interopérable :

- Attribuer un identifiant de traçabilité à chaque kilogramme d'or extrait, basé sur une norme technologique standardisée (code minier numérique) ;
- Rendre obligatoire la déclaration électronique des volumes à la douane, avec interfaçage automatisé entre les bases douanières, fiscales et monétaires (BCEAO) ;
- Formaliser un accord régional de supervision douanière avec les principaux corridors d'exportation (Ghana, Togo), sous l'égide de la CEDEAO ou de l'UEMOA.

Ces mécanismes sont alignés sur les recommandations du GAFI (2023) concernant la traçabilité des biens de grande valeur et la prévention de l'évasion fiscale minière dans les États à économie extractive.

- **Niveau 3 – Autonomisation effective de l'OCLEI et de la CENTIF *(réforme institutionnelle)***

Les institutions maliennes en charge de la lutte contre le blanchiment – OCLEI (Office central de lutte contre l'enrichissement illicite) et CENTIF (Cellule nationale de traitement des informations financières) – souffrent d'un déficit d'effectivité, dû à la fois à leur dépendance budgétaire, à l'ingérence dans les nominations, et à la faiblesse des capacités internes.

• Trois mesures structurantes sont requises :

• Inscrire un budget pluriannuel autonome dans la loi de finances, indexé sur les objectifs opérationnels et les charges fixes ;

• Garantir un statut juridique d'autorité administrative indépendante, avec nomination transparente et sécurisée des membres par un organe pluraliste ;

• Mettre en œuvre un programme de formation certifiée, fondé sur les modules du GIABA et les standards du GAFI, avec appui technique d'experts régionaux.

Cette réforme vise à garantir une appropriation nationale effective des normes LBC/FT, condition préalable à toute coopération internationale crédible et à l'accès aux mécanismes de soutien technique multilatéraux.

- **Niveau 4 – Harmonisation d'un cadre réglementaire unifié *(réforme de cohérence normative)***

L'efficacité de la lutte contre le blanchiment de capitaux au Mali est entravée par une dispersion juridique : multiplicité de textes non coordonnés, chevauchements entre dispositifs sectoriels (minier, bancaire, fiscal), absence d'interface entre agences de contrôle. Ce morcellement nourrit l'arbitrage réglementaire, affaiblit la lisibilité du droit, et réduit l'impact dissuasif des sanctions.

La consolidation du cadre normatif repose sur trois leviers complémentaires :

• L'harmonisation des textes LBC/FT existants dans un code unique ou un corpus consolidé, incluant les obligations de vigilance, les seuils de déclaration, les infractions pénales et administratives, ainsi que les responsabilités des intermédiaires ;

• La formalisation d'un cadre inter-agences, piloté par une commission permanente (rassemblant OCLEI, CENTIF, Ministère des Finances, Banque centrale,

Douanes), avec pouvoir de suivi et de proposition normative ;

- L'alignement systématique avec les standards régionaux et internationaux, notamment les recommandations du GAFI, les directives UEMOA et les décisions du Conseil des ministres de la CEDEAO.

Ce niveau intermédiaire assure la cohérence systémique de l'architecture LBC/FT nationale, condition essentielle à la mobilisation des partenaires extérieurs (FMI, BAD, bailleurs bilatéraux).

- **Niveau 5 – Gouvernance indépendante et redevable des dispositifs LBC/FT** ***(réforme de pilotage stratégique)***

Au sommet de la pyramide, la question n'est plus technique, mais politique : qui gouverne les dispositifs de lutte contre le blanchiment, et selon quelles règles de responsabilité, de transparence et de reddition des comptes ?

L'expérience comparée montre que l'efficacité des dispositifs LBC/FT dépend du degré d'indépendance de leur gouvernance, non seulement vis-à-vis du pouvoir exécutif, mais aussi des intérêts corporatistes, financiers ou partisans.

Quatre principes doivent structurer cette gouvernance :

- **Un organe de supervision multipartite**, composé de représentants des institutions publiques, du secteur privé réglementé (banques, notaires, compagnies minières), et de la société civile (observatoires, chercheurs, journalistes d'investigation) ;

- **Un mécanisme d'audit annuel indépendant**, publié et accessible, incluant un bilan des actions, des sanctions, et des insuffisances constatées ;

- **Une interface citoyenne**, permettant la remontée de signalements anonymes, l'accès aux données non sensibles et le suivi public des mesures prises ;

• **Une protection juridique des lanceurs d'alerte**, en lien avec les organes judiciaires et les partenaires internationaux.

Cette réforme du sommet constitue le verrou stratégique d'un dispositif crédible. Elle assure la pérennité, la légitimité et l'ancrage démocratique de la lutte contre le blanchiment, au-delà des cycles politiques ou des contingences diplomatiques.

La Figure 4 organise les recommandations en fonction de leur efficacité systémique et de leur faisabilité institutionnelle. À la base : des réformes structurelles peu coûteuses mais à fort effet d'entraînement. Au sommet : des réformes complexes, mais stratégiquement déterminantes.

Figure 6 : Pyramide des priorités politiques pour une lutte efficace contre le blanchiment au Mali

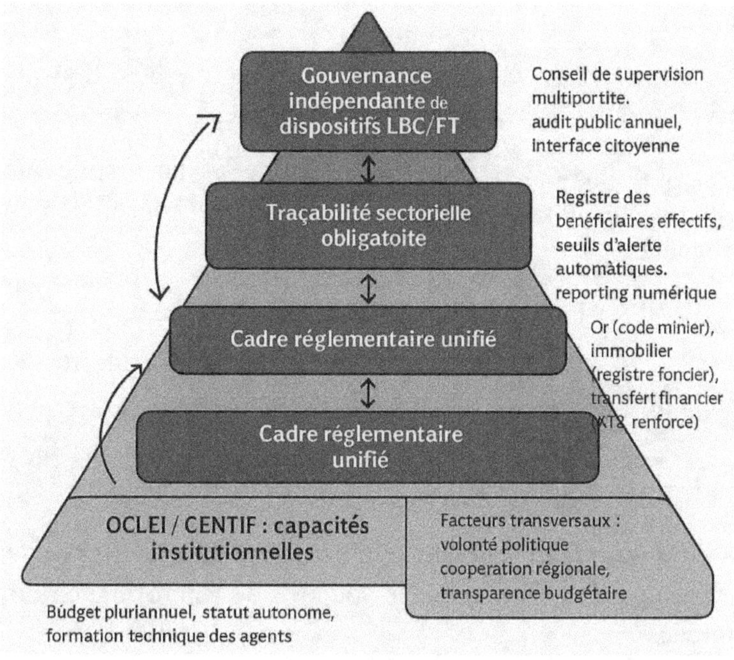

Source : Auteur, 2025

7.2. Vers une recherche empirique opérationnelle

Pour transformer le modèle en instrument robuste d'aide à la décision, il convient d'engager une recherche empirique opérationnelle, articulée autour de trois chantiers.

a) Construction d'une base nationale de données suspectes

L'absence de séries statistiques empêche toute modélisation robuste. Il faut collecter :

- les données foncières par quartier, mode d'achat, et provenance des fonds ;
- les flux d'or (quantité, lieu d'extraction, canal de sortie) ;
- les transferts financiers désintermédiés (hawala, cryptomonnaies, réseaux communautaires).

La base doit être interopérable et accessible aux institutions de régulation, fiscalité, et renseignement financier.

b) Dispositif qualitatif multi-acteurs

Une analyse narrative des chaînes opératoires du blanchiment est nécessaire. Elle devra mobiliser :

- des entretiens semi-directifs avec les agents de la CENTIF, de la Douane et du Trésor ;
- des enquêtes de terrain dans les marchés de l'or, les bureaux immobiliers, et les sociétés de microfinance non agréées ;

• une cartographie des pratiques informelles d'évitement, à travers les récits d'acteurs économiques et les données ethnographiques.

Cette approche permet d'analyser la co-construction du blanchiment par les institutions formelles et les stratégies sociales d'adaptation.

c) Calibration économétrique

Les résultats qualitatifs et statistiques doivent alimenter une modélisation quantitative :

• estimation des effets du blanchiment sur les IDE, les dépenses publiques, et la variation du taux de change effectif réel ;

• construction d'un indice composite de vulnérabilité sectorielle au blanchiment, par approche multicritères ;

• test de scénarios contrefactuels à partir de réformes hypothétiques.

L'efficacité de la lutte contre le blanchiment repose autant sur la volonté politique à agir sur les leviers critiques, que sur la capacité scientifique à produire de la preuve stratégique contextualisée. Le Mali doit investir dans ces deux dimensions simultanément, sans discontinuité.

Encadré 1 – Principales institutions de lutte contre le blanchiment de capitaux et le financement du terrorisme (LBC/FT) au Mali

Institution	Mandat principal	Rattachement administratif	Forces	Limites identifiées
CENTIF-Mali (Cellule nationale de traitement des informations financières)	Collecte, traitement et transmission des déclarations de soupçon (DS)	Ministère de l'Économie et des Finances	Expertise technique reconnue ; coopération avec GIABA	Manque d'autonomie ; budget instable ; capacités limitées d'investigation
OCLEI (Office central de lutte contre l'enrichissement illicite)	Enquêtes patrimoniales ; prévention et répression de l'enrichissement illicite	Présidence de la République (statut hybride)	Visibilité institutionnelle ; appui international (PNUD, UE)	Faible taux de poursuites abouties ; interférences politiques
Direction générale des Douanes	Contrôle des flux physiques de biens et devises ; application des normes GAFI en matière de déclaration	Ministère de l'Économie et des Finances	Plateformes de données ; présence territoriale étendue	Non-interconnexion avec CENTIF ; contrôle limité de l'or artisanal
Direction nationale du Trésor et de la Comptabilité publique	Suivi des opérations financières publiques ; centralisation des informations de transfert	Ministère de l'Économie et des Finances	Accès aux données budgétaires ; interface avec la BCEAO	Manque de coordination interinstitutionnelle ; absence de reporting consolidé
Banque Centrale des États de l'Afrique de l'Ouest (BCEAO)*(niveau régional)*	Supervision bancaire, réglementation LBC/FT pour les établissements financiers	UEMOA (mandat supranational)	Cadre normatif harmonisé ; rôle de pilotage régional	Délégation aux États mal exécutée ; délais de sanction excessifs

Remarque : Le paysage institutionnel malien reste fragmenté et sous-coordonné, malgré l'existence d'un corpus normatif conforme aux standards internationaux. La synergie entre acteurs reste faible, faute de plateforme de partage de données, de régulation convergente, et d'autonomie institutionnelle garantie.

Tableau 6 : *Recommandations stratégiques pour une réforme durable du système LBC/FT au Mali*

La lutte contre le blanchiment de capitaux et le financement du terrorisme (LBC/FT) ne peut être effective sans une réforme simultanée des leviers institutionnels, réglementaires, sectoriels et démocratiques. Le tableau ci-dessous synthétise les **priorités stratégiques identifiées** à partir du modèle théorique développé et de l'application sectorielle au cas malien.

Niveau d'intervention	Recommandation stratégique	Justification analytique et opérationnelle
Institutionnel	Accorder à l'OCLEI et à la CENTIF un **statut autonome et un budget pluriannuel protégé**	Renforce l'indépendance juridique, la continuité administrative et la capacité de sanction hors ingérence politique.
Réglementaire	Unifier et consolider l'ensemble des textes LBC/FT en un **cadre normatif intégré**	Évite les conflits d'interprétation, les vides juridiques et les doublons réglementaires.
Sectoriel	Imposer la **traçabilité obligatoire des**	Cible les deux principaux vecteurs de blanchiment

Niveau d'intervention	Recommandation stratégique	Justification analytique et opérationnelle
	flux aurifères et immobiliers	identifiés (or et immobilier), avec obligation déclarative numérique.
Technique	Créer une **base de données interconnectée sur les flux suspects**	Permet le croisement automatisé des informations entre banques, douanes, cadastre, justice et finances publiques.
Régional / Coopératif	Mettre en place une **plateforme régionale LBC/FT CEDEAO-UEMOA**	Renforce la traçabilité transfrontalière, limite le dumping réglementaire entre pays voisins, favorise la coopération judiciaire.
Démocratique	Créer un **organe de suivi multipartite (État, secteur privé, société civile)**	Assure transparence, redevabilité publique, remontée citoyenne des alertes et réduction du risque de capture institutionnelle.

Source : Auteur, 2025

La réforme du système LBC/FT au Mali ne peut réussir sans une architecture cohérente, indépendante et inclusive, articulée à des mécanismes concrets de supervision, de traçabilité et de participation. Ces recommandations doivent être considérées comme un socle minimum structurant, adaptable à l'évolution des menaces et à l'approfondissement des capacités nationales.

Chapitre 8

Blanchiment, souveraineté économique et rapports de force globaux : vers une lecture géopolitique du phénomène

La littérature économique et institutionnelle sur le blanchiment de capitaux tend à l'aborder comme un phénomène domestique, un dysfonctionnement à corriger par des mécanismes techniques et des normes standardisées.

Pourtant, les dynamiques observées dans les flux illicites, les scandales bancaires internationaux et les logiques de régulation mondiale révèlent une réalité plus structurelle : le blanchiment opère au cœur même du fonctionnement de la finance globalisée.

Ce chapitre vise à dépasser l'ancrage national ou régional du phénomène pour en proposer une lecture géopolitique, en articulant trois dimensions :
(1) la place fonctionnelle du blanchiment dans l'économie mondiale ;

(2) l'asymétrie normative du régime LBC/FT piloté par le GAFI, le FMI et l'OCDE ;

(3) la manière dont ces mécanismes contribuent à renforcer la dépendance économique des pays africains via la tolérance sélective, la pression réglementaire, et la captation externe des capitaux.

À travers cette relecture, il s'agira d'interroger la dimension stratégique de la souveraineté économique, dans un monde où ceux qui édictent les normes ne sont pas toujours ceux qui les subissent — et où ceux qui blanchissent le plus, souvent, ne sont jamais listés.

8.1. Le blanchiment comme architecture fonctionnelle de la finance globalisée

Dans les discours officiels, le blanchiment de capitaux est présenté comme un dysfonctionnement, une anomalie temporaire à éradiquer. Pourtant, les scandales successifs qui ont émaillé la finance mondiale au cours des deux dernières décennies révèlent une tout autre réalité : le blanchiment n'est pas périphérique au système financier globalisé – il en constitue une infrastructure fonctionnelle, tolérée, et parfois stratégiquement organisée.

Loin d'être un simple effet collatéral du crime transnational, le blanchiment apparaît comme un mécanisme de transformation des excès de l'économie souterraine en instruments de circulation légitime du capital, avec la complicité active d'institutions financières, de cabinets de conseil, de places offshore et de dispositifs juridiques asymétriques.

a) Une série de scandales révélateurs d'un fonctionnement systémique

Les scandales révélés entre 2007 et 2023 démontrent que les plus grandes banques de la planète ont non seulement toléré, mais activement structuré des circuits mondiaux de blanchiment.

- **HSBC** a facilité, jusqu'en 2012, les opérations de blanchiment du cartel de Sinaloa et de clients iraniens sous sanctions. Malgré une amende record de 1,92 milliard USD, la banque n'a pas été poursuivie pénalement – un cas type de **"too big to jail"**.

- **Danske Bank** a transféré plus de 200 milliards USD de fonds suspects via sa filiale estonienne entre 2007 et 2015, sans alerter les régulateurs danois ni européens. Les flux, principalement russes, passaient par un réseau complexe de sociétés-écrans.

• Les **Panama Papers**, puis les **Dubai Papers** et les **FinCEN Files**, ont exposé des milliers de comptes offshore, utilisés non pour dissimuler de la petite corruption, mais pour blanchir des capitaux à grande échelle – avec l'appui de cabinets comme Mossack Fonseca et de banques comme UBS, Deutsche Bank ou ING.

Tableau 7 : *Grands scandales de blanchiment impliquant des banques occidentales (2007–2023)*

Année	**Acteur**	**Montant estimé**	**Juridictions impliquées**	**Sanction**	**Récidive**
2012	HSBC	≈ 1,2 Mds $/an	Mexique, Iran, USA	Amende 1,92 Mds $	Oui (FinCEN, 2020)
2016	UBS, Crédit Suisse, etc. (Panama Papers)	> 2 000 Mds $ (flux estimés)	> 100 pays, offshore	Aucune poursuite directe	Oui
2018	Danske Bank	200 Mds $	Russie, Estonie, UK	Enquête, démissions	En cours
2020	FinCEN Files	2 000 transactions suspectes	Global	Aucune poursuite	Systémique

Source : ICIJ, FinCEN, Reuters, compilé par l'auteur

b) Une architecture mondialisée d'intermédiation légale et opaque

Le blanchiment repose sur une infrastructure transnationale bien huilée, qui mêle acteurs financiers, juristes, fiscalistes et juridictions complices. Les composantes de cette architecture :

- Les places offshore (Delaware, Îles Vierges, Dubaï, Panama, Luxembourg) offrent l'anonymat, la non-coopération judiciaire, et l'absence de déclaration des bénéficiaires effectifs.

- Les instruments juridiques (trusts, fondations, sociétés-écrans) permettent de découpler la propriété économique de la titularité légale.

- Les intermédiaires (banques privées, notaires, cabinets d'avocats internationaux) fournissent une légalité de façade à des opérations structurellement illégitimes.

Cette architecture ne fonctionne pas en marge de la finance mondiale : elle en constitue un levier de performance pour des acteurs qui exploitent la régulation différenciée entre juridictions, en segmentant les risques et en captant les flux.

c) L'impunité structurelle et l'asymétrie judiciaire Nord/Sud

Malgré la répétition des affaires, les poursuites sont rares. Les banques sont sanctionnées financièrement mais protégées pénalement. Les causes sont connues :

- **Risque systémique** : ces institutions sont trop grandes pour être condamnées.

- **Externalisation de la responsabilité** : les opérations douteuses sont attribuées à des filiales, à des niveaux hiérarchiques subalternes.

• **Asymétrie judiciaire** : tandis que les pays du Sud sont listés, stigmatisés, sanctionnés, les juridictions du Nord abritent, facilitent et normalisent les circuits de blanchiment les plus sophistiqués, sans subir de conséquences structurelles.

Figure 7 : Cartographie mondiale des flux de blanchiment (2007–2023)

Cette infographie synthétise les principaux circuits révélés : origine des flux (pays à ressources, corruption, criminalité), transit (offshores), légitimation (banques systémiques du Nord).

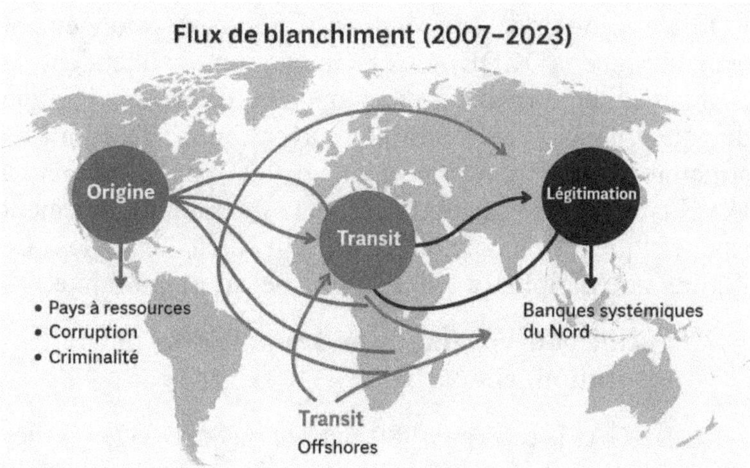

Source : Auteur, 2025

Le blanchiment n'est pas un accident. Il est le résultat d'une permissivité construite, fonctionnelle et tolérée par les structures mêmes de la finance mondialisée. Les scandales documentés ne sont pas des anomalies à corriger, mais les symptômes d'un système dont la rentabilité repose, pour partie, sur la capacité à accueillir, transformer et protéger des flux illicites. Dans ce contexte, la lutte contre le blanchiment ne peut se limiter aux juridictions fragiles. Elle doit d'abord interroger le cœur du pouvoir financier global, qui blanchit en paix — tout en exportant les normes.

8.2. Le régime normatif GAFI/FMI/OCDE : standards globaux, rapports de force asymétriques

Le régime international de lutte contre le blanchiment de capitaux (LBC/FT) repose sur un ensemble de normes élaborées, imposées et évaluées par un noyau institutionnel formé autour du Groupe d'Action Financière (GAFI), du Fonds Monétaire International (FMI) et de l'Organisation de coopération et de développement économiques (OCDE). Ces institutions prétendent à l'universalité normative mais opèrent dans une logique de gouvernance hiérarchisée, avec un déséquilibre structurel entre pays normateurs et pays soumis à l'évaluation. Le résultat est un système globalement asymétrique : d'un côté, un centre qui édicte les règles ; de l'autre, une périphérie qui les applique, sous contrainte.

a) Une gouvernance hégémonique sans parité institutionnelle

Le GAFI, créé en 1989 par les pays du G7, fixe les standards mondiaux en matière de LBC/FT à travers 40 recommandations. Or, sa gouvernance demeure dominée par un club fermé de pays riches. Les pays en développement, y compris ceux d'Afrique, ne participent que de manière indirecte via des organismes régionaux (GIABA pour l'Afrique de l'Ouest, ESAAMLG pour l'Est et le Sud).

Cette architecture produit trois effets critiques :

1. Imposition unilatérale des normes, souvent sans adaptation contextuelle ;

2. Coût disproportionné de la mise en conformité, pour des pays à capacités institutionnelles limitées ;

3. Absence de voix égale dans les processus de notation, de sanction et de réforme.

Ce déséquilibre a conduit plusieurs chercheurs à qualifier le GAFI de gouvernance extraterritoriale sans légitimité démocratique, où les plus puissants notent les plus faibles – tout en blanchissant leurs propres flux dans l'ombre.

Figure 8 : *Géopolitique de la normativité LBC/FT : architecture de contrôle et d'influence*

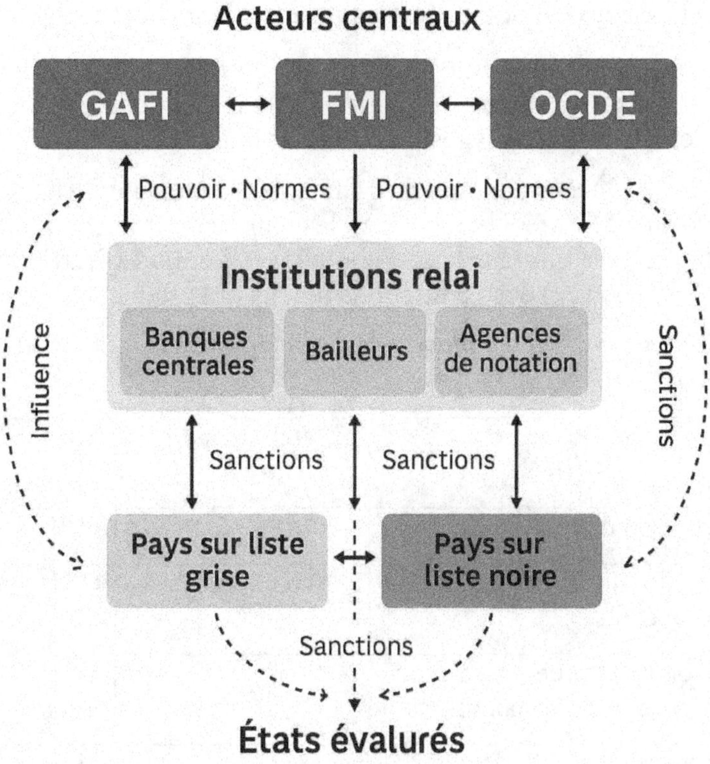

Source : Auteur, 2025

Cette infographie schématise les rapports de pouvoir entre centres de décision (GAFI, FMI, OCDE), institutions de relai (banques centrales, bailleurs, agences de notation) et pays évalués. Elle montre comment les normes circulent, qui les impose, qui les subit et qui les instrumentalise.

b) Le pouvoir des listes grises et noires : coercition et stigmatisation asymétrique

Le principal outil d'influence du GAFI est la publication de listes grises (pays sous surveillance renforcée) et de listes noires (pays non coopératifs). L'inscription sur ces listes n'est pas une simple notation administrative : elle entraîne des effets macroéconomiques lourds, souvent documentés mais rarement débattus.

- Une étude du FMI (2023) montre qu'un pays inscrit sur la liste grise voit ses entrées de capitaux chuter de 7,6 % en moyenne dans les 12 mois suivants.
- L'accès aux marchés financiers se renchérit (hausse du spread de crédit souverain), les banques correspondantes coupent ou limitent leurs relations, et les flux d'IDE sont réorientés vers des juridictions jugées plus stables.

Tableau 8 : *Impact moyen de l'inscription sur liste grise du GAFI (2010–2023)*

Variable observée	Effet moyen après inscription	Source
IDE (% du PIB)	–7,6 %	FMI
Taux d'intérêt sur dette souveraine	+70 points de base	CGD
Nombre de relations bancaires correspondantes	–15 %	World Bank

Source : FMI (2023), Centre for Global Development, World Bank

Cette capacité de nuisance repose sur la réputation comme instrument de pouvoir : les investisseurs, bailleurs et banques utilisent les listes du GAFI comme signaux de risque, sans toujours en interroger la construction. Or, ces listes sont loin d'être neutres : plus de la moitié des pays listés en 2024 sont africains, alors que des juridictions pourtant connues pour leur opacité (Luxembourg, Delaware, Dubaï) échappent systématiquement à la surveillance.

Encadré 8.1 – Les listes du GAFI : outil de transparence ou levier géopolitique ?

Si la transparence est un objectif légitime, la sélection des pays surveillés révèle une logique politique implicite : ce ne sont pas les centres de blanchiment les plus puissants qui sont listés, mais ceux dont le listing ne produit pas de perturbation systémique. Le GAFI punit les faibles sans toucher aux forts. D'où une question centrale : **la conformité est-elle un impératif moral ou un outil d'alignement géopolitique ?**

c) Les externalités négatives de la conformité : dé-risking et désintégration bancaire

• L'application mécanique des normes LBC/FT, sans prise en compte des contextes locaux, a produit une série **d'effets pervers** dans les pays à faible revenu :

• **Dé-risking bancaire** : des banques correspondantes du Nord ont rompu leurs relations avec des institutions jugées à risque (banques africaines, sociétés de transfert de fonds, ONG, microfinance), par crainte des sanctions. Résultat : exclusion financière, hausse du coût des transactions, affaiblissement du tissu économique local.

• **Désintermédiation massive** : en coupant les circuits bancaires formels, ces pratiques poussent des flux légitimes (envois de fonds des migrants, commerce transfrontalier) vers des **réseaux informels moins traçables** – en contradiction flagrante avec l'objectif de transparence.

• **Détournement de ressources publiques** : certains États, pour sortir d'une liste grise, investissent massivement dans la conformité formelle, au détriment d'autres urgences économiques (santé, éducation, infrastructures).

Ainsi, la norme produit parfois l'inverse de ses intentions déclarées : en voulant assainir, elle affaiblit ; en cherchant à intégrer, elle isole. La conformité devient un coût macroéconomique pour les économies fragiles – et un avantage concurrentiel pour les centres qui restent complaisants.

Le régime global de lutte contre le blanchiment n'est pas neutre. Il est produit par des institutions dominantes, appliqué sans ajustement de capacité, et interprété de manière asymétrique. Les normes LBC/FT, en apparence universelles, sont en réalité des instruments de pouvoir, au service d'un ordre financier où la surveillance s'exerce sur les périphéries, tandis que les flux illicites les plus massifs continuent de circuler à travers les cœurs du système. Lutter contre le blanchiment, c'est donc aussi interroger les conditions politiques de la norme elle-même.

8.3. CEDEAO/UEMOA face au blanchiment : une coopération fragmentée, un risque régional accru

L'Afrique de l'Ouest affiche depuis deux décennies une volonté politique affichée de renforcer la lutte contre le blanchiment de capitaux, à travers deux cadres régionaux : la CEDEAO via le GIABA, et l'UEMOA, avec sa loi uniforme adoptée en 2015. Pourtant, la région reste l'un des foyers les plus critiques de vulnérabilité systémique. Cette exposition ne s'explique pas seulement par les pressions extérieures (GAFI, FMI, bailleurs), mais aussi par un déficit d'intégration régulatoire interne, combiné à des stratégies nationales d'évitement ou de contournement.

a) Une harmonisation formelle sans convergence effective

L'adoption de la loi uniforme LBC/FT par les pays membres de l'UEMOA a donné l'illusion d'une convergence juridique. En réalité :

- Les textes sont similaires, mais les transpositions nationales sont incomplètes ou inégales ;
- La plupart des États n'ont pas aligné leurs pratiques institutionnelles (CENTIF, procureurs, douanes) sur les obligations de coopération prévues ;
- Les États hors UEMOA (Ghana, Nigeria, Cap-Vert) opèrent avec des lois autonomes, parfois plus évoluées techniquement, mais sans articulation inter-juridictionnelle avec les autres membres de la CEDEAO.

Tableau 9 : *Dispositifs et performances LBC/FT dans l'espace CEDEAO/UEMOA*

Pays	Loi LBC/FT conforme	CENTIF fonctionnelle	Echange inter-agences	Risque régional (GIABA)
Sénégal	Oui	Oui	Faible	Elevé (listé 2021)
Côte d'Ivoire	Oui	Oui	Moyen	Modéré
Burkina Faso	Oui	Oui	Faible	Elevé (listé 2023)
Bénin	Partielle (jusqu'en 2022)	Oui	Faible	Critique
Ghana	Oui	Oui	Bon	Acceptable
Guinée-Bissau	Non	Non	Inexistant	Très élevé

Source : GIABA (2023), FMI, BCEAO

La conséquence est claire : les flux illicites circulent selon la logique du “maillon faible”. Là où les normes sont les moins appliquées, les dispositifs les plus poreux, les blanchisseurs trouvent refuge. Cette segmentation alimente un dumping réglementaire régional, d’autant plus dangereux que les frontières sont juridiquement ouvertes.

b) Des institutions cloisonnées, incapables de produire une réponse collective

La faiblesse du système ne réside pas dans l’absence de textes, mais dans l’incapacité des dispositifs nationaux à coopérer efficacement.

- Les CENTIF, souvent sous-financées, travaillent en vase clos et échangent peu entre elles, même sur des affaires transfrontalières.
- Les commissions bancaires, censées assurer la supervision régionale, ne partagent pas leurs alertes ni leurs bases de données avec les cellules de renseignement financier ou les agences judiciaires.
- Aucun protocole régional n’impose l’interopérabilité des bases de données, ni la transmission automatique d’informations sensibles en cas de soupçon d’opération transfrontalière.

Ce cloisonnement n’est pas seulement une faiblesse technique : c’est un handicap stratégique. Il permet à des réseaux criminels, à des trafiquants, ou à des élites locales de fragmenter leurs activités entre plusieurs pays, en exploitant l’inertie institutionnelle des États voisins.

Encadré 8.2 – Dumping réglementaire : comment les failles nationales affaiblissent la lutte régionale

Les flux d’or illégal du Mali vers le Togo, les achats immobiliers suspects entre le Bénin et la Côte d’Ivoire, ou les transferts financiers anonymes via les corridors informels du Ghana ne sont pas des exceptions. Ils sont le produit direct **d’un écosystème fragmenté où chaque État tente de se rendre attractif pour les flux – y compris les plus douteux**.

c) Des stratégies nationales de contournement : tolérance implicite, inertie stratégique

Certains États de la région, loin de corriger les lacunes, les instrumentalisent. Ils optent pour une **conformité déclarative**à usage externe (rapports GIABA, “plans d’action” pour sortir des listes grises), tout en **maintenant des zones grises fonctionnelles** dans leurs économies réelles.

- Faible taux de poursuite judiciaire, malgré des centaines de déclarations de soupçon ;
- Nominations politiques dans les organes de contrôle, absence de garanties d’indépendance ;
- **Utilisation stratégique des délais et des lacunes réglementaires** pour retarder des réformes structurelles ou protéger des acteurs nationaux sensibles.

Figure 9 : *Chaînes régionales de blanchiment intra-CEDEAO*

Visualisation des flux transfrontaliers d’or, d’actifs immobiliers et de devises entre pays de la CEDEAO. Mécanismes de contournement réglementaire, points de transit, zones grises d’accumulation.

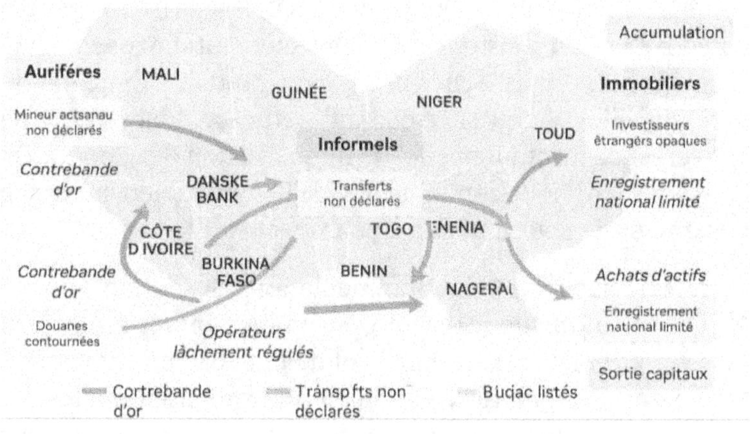

Source : Auteur, 2025

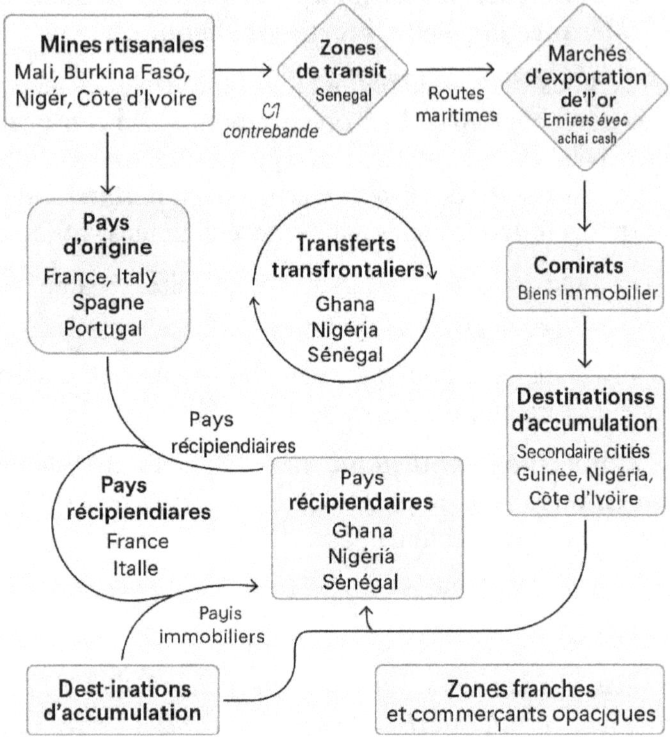

Source : Auteur, 2025

L'Afrique de l'Ouest est confrontée à un double paradoxe : elle a construit une architecture juridique régionale sophistiquée, mais elle n'a pas produit l'intégration fonctionnelle qui la rendrait efficace. L'absence de convergence institutionnelle, de mutualisation des données et de volonté politique commune fait de la sous-région un espace de contournement stratégique pour les flux illicites.

En acceptant la fragmentation, les États de la CEDEAO alimentent leur propre vulnérabilité, renforcent la surveillance extérieure, et délèguent de fait leur souveraineté régulatoire aux institutions internationales. Le coût économique et politique de cette inaction n'est plus soutenable.

8.4. Flux illicites, dépendance financière et souveraineté économique : une lecture critique de l'ordre mondial

Depuis les années 2000, plusieurs travaux empiriques ont mis en lumière l'ampleur des flux financiers illicites en Afrique et leur impact dévastateur sur la stabilité macroéconomique, la capacité budgétaire et la souveraineté politique des États. Pourtant, ces flux sont rarement analysés comme des leviers structurels de dépendance. Ce chapitre propose une relecture du blanchiment comme mécanisme systémique d'extraversion économique, nourrissant une économie politique de la dépossession dans un cadre postcolonial mondialisé.

a) Une saignée macroéconomique invisible : des pertes supérieures aux apports

Les estimations convergent : l'Afrique perd chaque année davantage qu'elle ne reçoit, en raison des sorties de capitaux illicites.

- Selon Ndikumana & Boyce (2018), environ 2 000 milliards USD ont quitté illicitement le continent entre 1970 et 2018, sous forme de blanchiment, fraude commerciale, manipulation des prix de transfert et corruption.

- La CNUCED (2020) estime à 88,6 milliards USD par an la moyenne des flux illicites sortants — soit 3,7 % du PIB africain.

- À titre de comparaison, l'aide publique au développement (APD) s'élève en moyenne à 48 milliards USD/an sur la même période, et les investissements directs étrangers (IDE) à 54 milliards USD/an.

Tableau 10 : *Flux entrants vs flux illicites sortants en Afrique (moyenne 2010–2020)*

Flux financier	Montant annuel moyen (Mds USD)	Ratio sur PIB continental	Solde net
Flux illicites sortants	88,6	3,7 %	—
APD	48	2,0 %	—40,6
IDE	54	2,3 %	—34,6

Source : CNUCED (2020), Ndikumana & Boyce (2018), BAD (2021)

Autrement dit, **le solde net de flux financiers est négatif pour l'Afrique** : le continent transfère à l'extérieur plus de capitaux qu'il n'en capte, ce qui contredit l'idée d'un continent « bénéficiaire » de la mondialisation financière. L'Afrique est, structurellement, **créancière du reste du monde — mais sur une base illicite et non reconnue.**

b) Blanchiment, déficit fiscal et spirale d'aliénation financière

Ces flux illicites ne sont pas neutres. Ils ont des conséquences macroéconomiques directes sur la capacité des États africains à agir :

- Erosion de la base fiscale : les capitaux blanchis échappent à l'imposition, réduisant les recettes publiques et aggravant la dépendance à l'aide extérieure.

- Accroissement du recours à la dette externe, souvent contractée dans des conditions défavorables, parfois pour financer des dépenses que l'État aurait pu couvrir avec des ressources détournées.

• Conditionnalités imposées par les bailleurs (FMI, Banque mondiale), qui dictent des politiques d'austérité, privatisations ou réformes budgétaires structurelles — alors même que l'origine du déséquilibre vient de la fuite de capitaux.

Cette boucle crée une spirale d'aliénation : l'État endetté dépend d'acteurs externes, tout en tolérant (ou organisant) la fuite de ses propres ressources. Il se trouve pris entre passivité fiscale et dépendance structurelle.

Figure 10 : Boucle de dépendance Afrique–Offshore : du blanchiment à l'endettement

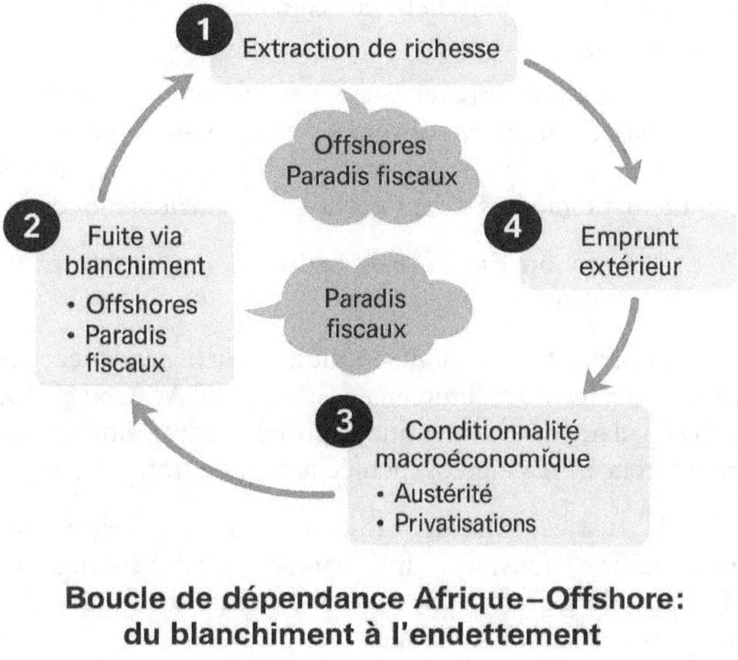

Source : Auteur, 2025

c) Le Nord comme facilitateur structuré de l'accumulation illégitime

Ces flux illicites ne disparaissent pas : ils se réinstallent dans les bilans des banques occidentales, les comptes d'épargne offshore et les circuits financiers mondialisés.

- Les principales juridictions de réception sont situées dans le Nord global : Suisse, Luxembourg, Dubaï, Londres, New York, Jersey, Delaware.
- Des institutions bancaires majeures hébergent ces capitaux, sous couvert de gestion patrimoniale, de secret bancaire ou de non-coopération judiciaire.
- Les grandes places financières sont donc non seulement bénéficiaires, mais co-architectes du blanchiment transnational, en captant les excès de la prédation organisée au Sud.

La légalité apparente de ces circuits — souvent adossée à des structures juridiques complexes — permet la reconversion des ressources détournées en actifs parfaitement intégrés dans l'économie financière mondiale.

d) Vers une doctrine africaine de souveraineté financière

Face à cette économie politique de la dépendance, des voix africaines (Ndikumana, Boyce, ECA, CNUCED, BAD) plaident pour une doctrine souverainiste de transparence financière, articulée autour de trois piliers :

1. **Justice fiscale interne** : lutte contre les exonérations abusives, transparence des bénéficiaires effectifs, élargissement de l'assiette fiscale sur les grandes fortunes et les multinationales.

2. **Traçabilité extraterritoriale** : obligation de coopération judiciaire bilatérale, sanctions en cas de non-retour des avoirs volés, campagnes diplomatiques pour obtenir la levée du secret bancaire.

3. **Souveraineté budgétaire** : recentrage de la stratégie budgétaire sur l'épargne domestique, refus des conditionnalités automatiques, renforcement de la capacité à émettre et gérer de la dette sans dépendance systémique.

Encadré 8.3 – Pour une souveraineté financière africaine : leviers et propositions concrètes

- Création d'un Observatoire africain des flux illicites (proposition de la CEA) ;
- Harmonisation des bases de données fiscales, douanières et bancaires ;
- Adoption d'une charte continentale sur la restitution des avoirs volés ;
- Inclusion de la transparence financière dans les constitutions économiques ;
- Suspension des conventions fiscales asymétriques avec les paradis fiscaux.

Le blanchiment n'est pas seulement un crime économique : c'est un acte de dépossession systémique. Il prive les États africains de leurs ressources, creuse leur déficit de souveraineté, et les enferme dans une dépendance budgétaire entretenue par les centres financiers du Nord. Lutter contre le blanchiment, c'est lutter pour le droit de décider de ses priorités économiques, de son modèle de développement, et de la destination de sa richesse.

Ce chapitre l'a démontré : les dispositifs internationaux de lutte contre le blanchiment de capitaux ne sont pas neutres. Ils reflètent des rapports de pouvoir, traduits en normes, imposés comme standards techniques mais appliqués de façon sélective. La tension est claire : **Les pays du Sud se conforment. Les pays du Nord captent.**

Les premiers investissent dans la conformité. Les seconds prospèrent dans l'opacité.

En Afrique de l'Ouest, l'application des normes LBC/FT a produit une architecture formelle sophistiquée, mais déconnectée des réalités institutionnelles et économiques. Les États financent leur propre mise sous tutelle, tandis que leurs ressources — or, capitaux, rentes — continuent de fuir vers des juridictions protégées.

La conformité est devenue un coût. L'impunité, un privilège.

Ce déséquilibre appelle une rupture stratégique. Il ne s'agit plus d'adapter les États fragiles à des standards conçus ailleurs. Il faut refonder la régulation sur trois principes : efficacité concrète, égalité normative, souveraineté assumée.

- Efficacité, car sans résultats visibles, la légitimité s'effondre.

- Égalité, car l'impunité des puissants invalide toute exigence envers les faibles.

- Souveraineté, car sans contrôle sur ses propres flux, aucun État ne peut prétendre à l'autonomie économique.

Car au fond, la question n'est plus technocratique. Elle est politique, brutale, et inévitable :

Qui blanchit en paix, qui paie pour la conformité, et qui reste sous surveillance ?

Conclusion générale

Cet ouvrage a proposé une modélisation théorique intégrée des effets du blanchiment de capitaux sur l'économie réelle, appliquée au contexte spécifique du Mali. Fondée sur un croisement analytique entre la théorie du crime économique (Becker), la théorie institutionnelle (North) et l'économie politique de la corruption (Acemoglu & Robinson), l'approche développée établit un lien fonctionnel entre configuration économique sectorielle, fragilité institutionnelle et vulnérabilité systémique au blanchiment.

L'analyse a montré que les effets du blanchiment dépassent les pertes fiscales ou les distorsions sectorielles : ils participent d'un cycle de désorganisation économique, de neutralisation régulatoire, et d'affaiblissement structurel de la gouvernance publique. Le cas malien illustre de manière exemplaire cette dynamique, à travers trois canaux dominants : l'or, l'immobilier, et la finance informelle.

Le modèle proposé présente une valeur ajoutée triple :

1. Il constitue un outil exportable vers d'autres pays à régulation faible et dépendance extractive élevée.

2. Il propose une lecture structurelle du blanchiment comme phénomène systémique, et non marginal.

3. Il alimente la réflexion en économie politique du développement, en intégrant les effets autorenforçants de la captation institutionnelle.

Cependant, le modèle repose encore sur des fondations inductives et documentaires, et demeure non falsifiable en l'absence de validation empirique. Pour devenir un instrument d'aide à la décision, il doit être confronté à :

- des données locales structurées (flux d'or, valeurs foncières, mouvements bancaires) ;
- des analyses qualitatives de terrain ;
- des modélisations économétriques rigoureuses testant les canaux de transmission identifiés.

L'urgence d'une action publique est manifeste. Le blanchiment n'est pas une externalité : il est au cœur du fonctionnement économique de nombreux États fragiles, et son invisibilisation prolongée alimente les défaillances de l'État fiscal, de l'État monétaire, et de l'État régulateur.

Face à cette menace systémique, une mobilisation à trois niveaux est impérative :

- Nationale, pour créer les conditions institutionnelles d'un contrôle effectif des flux ;
- Régionale, pour coordonner les normes, harmoniser les sanctions, et mutualiser les bases de données ;
- Internationale, pour assurer la traçabilité, la coopération judiciaire, et la réciprocité réglementaire.

En définitive, lutter contre le blanchiment de capitaux ne relève pas d'un simple ajustement technique, mais d'un choix stratégique de souveraineté économique. Le Mali – comme d'autres États de la région – ne pourra stabiliser sa trajectoire de développement sans affronter frontalement l'opacité des flux, la complicité institutionnelle, et l'économie politique du silence.

Références bibliographiques

1. Acemoglu, D., & Robinson, J. A. (2012). *Why nations fail: The origins of power, prosperity, and poverty*. Crown Publishers.

2. Becker, G. S. (1968). Crime and punishment: An economic approach. *Journal of Political Economy*, 76(2), 169–217. https://doi.org/10.1086/259394

3. CNUCED & ONU. (2020). *Rapport sur le développement économique en Afrique 2020 : S'attaquer aux flux financiers illicites pour un développement durable en Afrique*. Conférence des Nations Unies sur le Commerce et le Développement. https://unctad.org/fr/webflyer/rapport-sur-le-developpement-economique-en-afrique-2020

4. Diallo, S. M., Keita, B. S., Samake, I., Sakho, T., & Traoré, F. (2025). Le processus du blanchiment d'argent, sa prévention et sa détection : Cas des blanchisseurs au Mali. *Revue Internationale de la Recherche Scientifique*, 3(2), 1651–1664. https://revue-irsi.org/article/view/267

5. Etienne Fakaba Sissoko, & Khalid Dembélé. (2025). RECOMPOSITION BANCAIRE ET SOUVERAINETE MONETAIRE A L'ERE NUMERIQUE : Le PI SPI et l'e CFA comme instruments de refondation institutionnelle dans l'UEMOA. *Revue Internationale De La Recherche Scientifique (Revue-IRS)*, *3*(5), 5184–5203. https://doi.org/10.5281/zenodo.17249540

6. Fonds Monétaire International (FMI). (2023). *Mali : Rapport au titre de l'article IV du FMI – 2023*. https://www.imf.org/fr/Publications/CR/Issues/2023/07/01/Mali-Article-IV-Consultation-Report-531492

7. Groupe d'Action Financière Internationale (GAFI). (2023). *Normes internationales sur la lutte contre le blanchiment de capitaux et le financement du terrorisme et de la prolifération*. https://www.fatf-

gafi.org/fr/publications/GafiNormes/normesinternationals.html

8. Groupe Intergouvernemental d'Action contre le Blanchiment d'Argent en Afrique de l'Ouest (GIABA). (2023). *Rapport d'évaluation mutuelle du Mali – 2023*. https://www.giaba.org/reports/mutual-evaluation/Mali-2023.html

9. Kohnert, D. (2024). Les mesures internationales contre le blanchiment d'argent et l'évasion fiscale ont-elles un impact significatif en Afrique subsaharienne ? *African Development Review*, 36(1), 45–62. https://doi.org/10.1111/1467-8268.12605

10. North, D. C. (1990). *Institutions, institutional change and economic performance*. Cambridge University Press.

11. Perrin, B. (2010). La lutte contre le blanchiment d'argent : Pistes d'actions entre prévention et répression. *Revue de Science Criminelle et de Droit Pénal Comparé*, 2010(2), 456–475. https://doi.org/10.3917/rscdp.022.0456

12. Sabry, F. (2025). *Blanchiment d'argent* (Vol. 3). One Billion Knowledgeable Press.

13. SwissAid. (2024). *On the trail of African gold: Illicit flows from Africa*. https://www.swissaid.ch/en/publications/on-the-trail-of-african-gold/

14. Touré, M. I. (2017). La lutte contre le blanchiment de capitaux et le financement du terrorisme en Afrique de l'Ouest. *Sécurité globale*, (4), 5–16.

15. Dembele, K., & Sissoko, E. F. (2025). Strengthening Fiscal Discipline and Public Financing of the Economy: An Integrated Approach Applied to UEMOA and the Sahel. *International Journal of Innovative Science and Research Technology*, *10*(10), 821-844.

Postface

Le blanchiment de capitaux constitue un mécanisme central de désorganisation économique dans les États institutionnellement fragiles. Il ne se manifeste ni par des chocs visibles ni par des ruptures soudaines, mais par une érosion lente, silencieuse, et systémique des régulations, des ressources et de la légitimité publique.

Ce travail a cherché à dépasser les approches normatives ou techniques du phénomène, pour proposer un cadre théorique structurant, ancré dans le cas malien mais potentiellement transposable. Il postule que les flux illicites ne sont pas des anomalies à la marge, mais des vecteurs d'équilibre inversé : ils façonnent les logiques d'investissement, la structuration sectorielle et les trajectoires budgétaires, tout en affaiblissant les instruments de contrôle censés les encadrer.

La lutte contre le blanchiment ne saurait donc être réduite à une affaire de conformité réglementaire. Elle pose des questions de souveraineté, de redistribution, et d'architecture institutionnelle. Elle engage des choix — explicites ou non — sur ce que l'État tolère, priorise, ou abandonne.

Reconnaître le blanchiment comme un facteur structurant de fragilité, et non comme une dérive ponctuelle, constitue désormais une exigence analytique et politique majeure.

Reste à savoir qui en fera une priorité.

Etienne Fakaba Sissoko

Table des matières

Structures éditoriales du groupe L'Harmattan

L'Harmattan Italie
Via degli Artisti, 15
10124 Torino
harmattan.italia@gmail.com

L'Harmattan Hongrie
Kossuth l. u. 14-16.
1053 Budapest
harmattan@harmattan.hu

L'Harmattan Sénégal
10 VDN SICAP AMITIE 3
BP 45034 Dakar-Fann
direction@senharmattan.com

L'Harmattan Cameroun
Tsinga/Derrière polyclinique FECAFOOT
BP 11486 Yaoundé
Jacques.koukam@harmattan.fr

L'Harmattan Burkina Faso
Villa 281, secteur 23 623, rue 14.32
Ouagadougou
zagbie@outlook.fr

L'Harmattan Guinée
Almamya, rue KA 028 OKB Agency
BP 3470 Conakry
harmattanguinee@yahoo.fr

L'Harmattan RDC
185, avenue Nyangwe
Commune de Lingwala - Kinshasa
matangilamusadila@yahoo.fr

L'Harmattan Congo
219, avenue Nelson Mandela
BP 2874 Brazzaville
deunovmikhael@gmail.com

L'Harmattan Mali
Immeuble Mgr Jean Marie Cissé
Aci Hamadallaye
BP 145 Bamako
syllaka@yahoo.fr

L'Harmattan Togo
Djidjole - Maison Amela
face EPP BATOME
02 BP 20680 Lomé
didieramela11@gmail.com

L'Harmattan Côte d'Ivoire
Résidence Karl - Cité des Arts
Abidjan-Cocody
03 BP 1588 Abidjan
harmattan.ivoire@gmail.com

L'Harmattan Bénin
Rue 604, (Immeuble à l'entrée
de la rue UCAO- Cite de Saint-Jean)
Cotonou
stepcorpus@gmail.com

Nos librairies en France

Librairie internationale
16, rue des Écoles
75005 Paris
librairie.internationale@harmattan.fr
01 40 46 79 11
www.librairieharmattan.com

Librairie des savoirs
21, rue des Écoles
75005 Paris
librairie.sh@harmattan.fr
01 46 34 13 71
www.librairieharmattansh.com

www.ingramcontent.com/pod-product-compliance
Lightning Source LLC
LaVergne TN
LVHW051411061026
849535LV00009B/3488